PEDAGOGIA INTERDISCIPLINAR

Dados Internacionais de Catalogação na Publicação (CIP)
(Câmara Brasileira do Livro, SP, Brasil)

Lück, Heloísa
  Pedagogia interdisciplinar : fundamentos teórico-metodológicos / Heloísa Lück. 18. ed. Petrópolis, RJ : Vozes, 2013.
  Bibliografia.

  6ª reimpressão, 2022.

  ISBN 978-85-326-1329-5
  1. Interdisciplinaridade na educação 2. Pedagogia
I. Título.

94-3767   CDD-370.1

Índices para catálogo sistemático:
1. Pedagogia interdisciplinar : Filosofia da educação   370.1

PEDAGOGIA INTERDISCIPLINAR

Fundamentos teórico-metodológicos

HELOÍSA LÜCK

Petrópolis

© 1994, Editora Vozes, Ltda.
Rua Frei Luís, 100
25689-900 Petrópolis, RJ
www.vozes.com.br
Brasil

Todos os direitos reservados. Nenhuma parte desta obra poderá ser reproduzida ou transmitida por qualquer forma e/ou quaisquer meios (eletrônico ou mecânico, incluindo fotocópia e gravação) ou arquivada em qualquer sistema ou banco de dados sem permissão escrita da editora.

CEDHAP – Centro de Desenvolvimento Humano Aplicado
Av. Cândido Hartmann, 528, cj. 53, Curitiba – PR
Fone/fax: (41) 3336-4242

CONSELHO EDITORIAL

Diretor
Gilberto Gonçalves Garcia

Editores
Aline dos Santos Carneiro
Edrian Josué Pasini
Marilac Loraine Oleniki
Welder Lancieri Marchini

Conselheiros
Francisco Morás
Ludovico Garmus
Teobaldo Heidemann
Volney J. Berkenbrock

Secretário executivo
Leonardo A.R.T. dos Santos

Editoração e org. literária: Ana Lúcia Kronemberger
Diagramação: Sheilandre Desenv. Gráfico
Capa: HiDesign Estúdio

ISBN 978-85-326-1329-5

Este livro foi composto e impresso pela Editora Vozes Ltda.

"Diante do colar
– belo como um sonho –
admirei, sobretudo,
o fio que unia as pedras
e se imolava anônimo
para que todos fossem um..."

D. Helder Camara

Não se prendam superficialmente às palavras.
Procurem, por meio delas, captar e construir um estado de espírito.

DEDICATÓRIA

*Aos professores do Colégio
Imperatriz Dona Leopoldina
e a seu diretor, Adelar
Hengemühle, que se
dedicam ao esforço de
construir uma prática
interdisciplinar.*

*Aos meus alunos do curso
de Mestrado em Educação,
da Pontifícia Universidade
Católica do Paraná.*

Sumário

Apresentação, 9

Introdução, 13

I – Problemas enfrentados pelo homem na sociedade diversificada, 17
    Dificuldades e desafios cotidianos, 17
    Expressões de dificuldades na atuação profissional, 20
    Expressões de alienação e esvaziamento da dimensão humana e sua realidade, 21
    Desafios à educação face às dificuldades enfrentadas, 21
    Construção da visão interdisciplinar no contexto escolar, 23

II – Enfoques do paradigma disciplinar e as disciplinas, 27
    Enfoque epistemológico, 27
    Enfoque pedagógico, 28
    O paradigma positivista que constitui a disciplina, 30
        a) Pressupostos da construção disciplinar, 31
        b) Método da construção disciplinar, 32
        c) Objetivo da construção disciplinar, 33
    Consequências do paradigma positivista, 33

III – Demanda de uma nova visão da realidade, 35
    Limitações do paradigma positivista, 35

Superação da visão dicotômica entre Epistemologia e
Pedagogia, 38
Prática e estágios da caminhada interdisciplinar, 39

IV – O sentido da interdisciplinaridade, 43
Proposições sobre o sentido da interdisciplinaridade, 44
Pressupostos da interdisciplinaridade, 47
Interdisciplinaridade como processo de circularidade entre disciplinas, 49
Contribuições da interdisciplinaridade no campo da ciência e do ensino, 51
O contexto de desenvolvimento interdisciplinar, 53

V – O aspecto humano da construção interdisciplinar, 57
Caracterização do esforço interdisciplinar na escola, 57
Relação entre atitude e interdisciplinaridade, 59
Interdisciplinaridade e formação do homem, 62
Resistências à adoção do enfoque interdisciplinar, 64

Referências, 69

Apresentação

O processo civilizatório e de humanização está em contínuo movimento, daí por que, de tempos em tempos, surgem novas ideias-força, novos conceitos que não apenas representam esse movimento, mas também servem para impulsioná-lo.

A interdisciplinaridade é uma dessas ideias-força que, embora não seja recente, agora se manifesta e a partir de enriquecimento conceitual e da consciência cada vez mais clara da fragmentação criada e enfrentada pelo homem em geral e pelos educadores, em especial, em seu dia a dia.

Em associação a essa mesma fragmentação, rompeu-se o elo da simplicidade e estabeleceu-se a crescente complexificação da realidade, fazendo com que o homem se encontre despreparado para enfrentar os problemas globais que exigem dele não apenas uma formação polivalente, mas uma formação orientada para a visão globalizadora da realidade e uma atitude contínua de aprender a aprender.

O ensino, que recebe a responsabilidade social de promover a formação para a cidadania dos membros da sociedade, ao defrontar-se com esse trabalho, defronta-se, também, com a necessidade de promover sua própria reorganização para orientar-se ele próprio por esse novo sentido. Isso porque, sendo ele próprio uma expressão do modo como o conhecimento é produzido, também se encontra fragmentado, eivado de poloarizações competitivas, marcado pela territorialização de disciplinas, pela dissociação das mesmas em relação à realidade concreta, pela desumanização dos conteúdos fechados em racionalidades autossustentadas, pelo divórcio, enfim, entre vida plena e ensino.

Portanto, surge como uma demanda cada vez mais clara e evidente entre os educadores a necessidade de se promover e superar essa fragmentação, em busca de uma visão e ação globalizadora e mais humana. Aliás, essa consciência não se restringe apenas ao ensino. Ela se manifesta nas múltiplas áreas de atuação humana.

Vários movimentos traduzem a busca de atendimento à necessidade de restabelecer o sentido de unidade em diversos segmentos e grupos da sociedade em geral. Alguns deles são: Qualidade Total, Gestalt, da Ecologia, Empresa Holística, Pedagogia Holística, Medicina Alternativa, Agricultura Sistêmica, que se manifestam como expressões da consciência daquela necessidade.

No contexto desses movimentos, surge a interdisciplinaridade, como alternativa de maior significado, na busca de superação da atomização do conhecimento humano em disciplinas, tanto no contexto da pesquisa quanto do ensino. A partir da compreensão de que quanto mais se desenvolvem as disciplinas do conhecimento, diversificando-se, mais elas perdem o contato com a realidade humana (GUSDORF apud JAPIASSU, 1976: 13), reconhece-se a necessidade de reorganizar o modo de produção e elaboração do conhecimento, de forma que se diminuam as distâncias estabelecidas entre o homem e o conhecimento que produz, desta maneira estabelecendo a unidade entre todo o conhecimento produzido.

"O homem é a medida de todas as coisas". Dele e para ele, enquanto humana e concretamente considerado, partem todos os empreendimentos que valem a pena. E é com esse enfoque que a interdisciplinaridade é proposta, vindo ela, portanto, a se constituir em um movimento a ser assumido e construído pelos professores – não podendo ser impostos a eles – levando em consideração a sua interação com os alunos, na condição de intermediar a (re)elaboração do conhecimento como um processo pedagógico dinâmico, aberto e interativo.

Trata-se, portanto, de uma ideia-força que visa contribuir para a superação do cartorialismo praticado na educação, conforme indicado por Paulo Freire, bem como a ênfase sobre a reprodução de parcelas isoladas de conhecimento, destituídas de vida ou de inspiração transformadora.

Viver essa ideia não é tarefa simples, e requer reflexão e determinação. Essa orientação, no entanto, não deve ter caráter normativo, constituindo-se muito mais em compreensão empática, a partir de relato de experiências, descrições de reflexões e análises e sintetizações de fragmentos conceituais disperso na literatura. Exemplos de trabalhos na área são os de Japiassu (1976), Fazenda (1979; 1991), Bochniak (1992), Petraglia (1993), Warschauer (1993), dentre outros.

Esse trabalho consiste, pois, em um registro de reflexões a partir de leituras e práticas pedagógicas, esperando-se que possa servir de apoio para o desenvolvimento de uma perspectiva interdisciplinar e globalizadora, que se acredita ser fundamental para a necessária transformação do ensino.

Para aqueles que antecipadamente veem a questão interdisciplinar como um modismo em educação, esclarece-se que o risco de fato existe. Ele, no entanto, é resultado justamente da atitude distanciada e acomodada de profissionais que evitam o trabalho de pôr em prática os novos conceitos e ideias que aprendem, enriquecendo apenas seu vocabulário e discurso, e empobrecendo sua vivência. Superar essa atitude é desafio para todos nós.

Como de nada valem as boas ideias se não forem colocadas em prática, para associar teoria e prática, abstração e concretude de ação, a cada momento deve o leitor confrontar conceitos e reflexões aqui apresentados, com sua prática profissional, como também desenvolver suas próprias observações e análises e propor sínteses pessoais capazes de impulsionar sua experiência profissional para estágios mais amadurecidos e de alcance maior de resultados educacionais.

Introdução

Chegamos ao final do século XX, reconhecendo que nos defrontamos com um universo cultural extremamente rico e complexo, e que somos incapazes de compreendê-lo todo. Esta situação é resultado da ação-reflexão humana ao longo dos tempos, e nas mais diversas condições culturais, caracterizadas por diferentes enfoques, pontos de vista e paradigmas. Este contexto retrata o modo como o homem vem resolvendo a sua problemática existencial, tendo-se consciência hoje, no entanto, de que, a cada dificuldade vencida, surgem outras de maior complexidade, demandando novo engenho e nova determinação.

Diante, pois, de novos desafios e necessidades, o homem, coletivamente organizado, busca novas formas de solução para os mesmos, surgindo, muitas vezes, tantas concepções sobre as dificuldades e tantas soluções possíveis quantos grupos e pessoas que procurem articular essas questões, gerando, assim, não apenas maior complexidade, mas também maior fragmentação e desintegração na compreensão da realidade.

Eis que nos defrontamos com um grande leque de áreas de conhecimento e de teorias dentro dessas áreas que passam a gerar dúvidas e confusão, dado que tais conhecimentos foram, em geral, produzidos mediante a ótica da linearidade e atomização, de que resultaram conhecimentos simplificadores da realidade e visão da parte, dissociada tanto do todo quanto de outras partes desse mesmo todo.

Esses conhecimentos, distanciados uns dos outros e da realidade a partir da qual foram produzidos, necessitam urgentemente ser articulados, a fim de que possam constituir um todo organizado. Surge, em consequência dessa necessidade, a proposição da interdisciplinaridade como forma de superar tal fragmentação.

O enfoque interdisciplinar no contexto da educação manifesta-se, portanto, como uma contribuição para a reflexão e o encaminhamento de solução às dificuldades relacionadas à pesquisa e ao ensino, e que dizem respeito à maneira como o conhecimento é tratado em ambas funções da educação.

Evidencia-se, na pesquisa, que o conhecimento vem sendo produzido de modo fragmentado, dissociando-se cada fragmento de conhecimento do contexto de onde emerge. Cria-se, deste modo, um conhecimento limitado, ao mesmo tempo que se produz um mosaico de informações, de conhecimentos paralelos, desagregados uns dos outros, e até mesmo antagônicos, todos tidos como legítimas representações da realidade.

No ensino, a falta de contato do conhecimento com a realidade parece ser uma característica mais acentuada ainda. Os professores, no esforço de levarem seus alunos a aprender, o fazem de maneira a dar importância ao conteúdo em si e não à sua interligação com a situação da qual emerge, gerando a já clássica dissociação entre teoria e prática: "o que se aprende na escola não tem nada a ver com a realidade", é o entendimento comum de pessoas que, saindo dos bancos escolares, assumem uma responsabilidade profissional.

Tendo em vista que a construção da interdisciplinaridade, para nortear a superação desse quadro, necessita de conteúdos conceituais e fundamentos que a orientem, tem-se como objetivo analisar a questão apresentada, bem como sistematizar reflexões em torno do conceito, tendo-se em vista contribuir para que os educadores, organizados em torno do projeto político-pedagógico escolar, possam desenvolver sua caminhada interdisciplinar.

Vale lembrar que a questão interdisciplinar emerge também como orientação da superação da dicotomia entre pedagogia e epistemologia, entre ensino e produção de conhecimentos científicos, daí por que sua maior complexidade e necessidade de superação da perspectiva departamental e setorizada do ensino.

Em vista dessa mesma complexidade, para muitos professores, compreensão de conceitos e proposições abstratos, referentes à interdisciplinaridade, pode representar algo tão distanciado de sua prática que essa orientação em relação ao modo de tratar o conhecimento passa a se constituir uma disciplina, ela mesma, e, desse modo, fazendo-a recair, redundantemente, no problema para cuja solução procurou contribuir.

Conclui-se, portanto, que as proposições aqui apresentadas não devem ser tomadas como disciplina ou conteúdo a ser estudado e reproduzido, mas como concepção orientadora para a superação da problemática descrita, e que as dificuldades de compreensão das questões abstratas sobre o modo de produzir e tratar o conhecimento, experimentadas pelo mestre, devem ser consideradas um desafio a ser vencido, sob pena de o professor continuar atuando como um mero repassador de fragmentos de conteúdos de ensino aos seus alunos.

I Problemas enfrentados pelo homem na sociedade diversificada

Dada a complexidade do conjunto cultural humano, a sociedade defronta-se, todos os dias, com inúmeras situações ambíguas, contraditórias e conflitivas que o homem individual e socialmente organizado deve resolver e que o deixam angustiado, caso leia, efetivamente, os sinais reais que as situações emitem. Caso se negue a vê-las, com medo da própria angústia, ficará imerso em sua condição alienada e, portanto, menos humana (MORIN, 1988).

Dificuldades e desafios cotidianos

Ao ligar a TV, enquanto telespectadora, a pessoa recebe a mensagem de que fumar o cigarro marca X lhe atribui *status*, charme e até mesmo atração sexual, para em seguida ser informada de que fumar faz mal à saúde. Da mesma forma que em minutos recebe a estimulação para que compre um produto, no outro, recebe o apelo para economizar, depositando na caderneta de poupança. Em um mesmo segmento é estimulado a comer e ingerir alimentos e bebidas engordantes, para em seguida ser instado a controlar o peso e o colesterol.

Em casa, a situação não é diferente. Por exemplo, a criança recebe dos pais a orientação, muitas vezes com grande veemência, no sentido de que não deve mentir para os mais velhos, que esse comportamento "é feio", para, em uma outra ocasião em que atende um telefonema para seu pai, receber a ordem de dizer que o pai não está em casa.

Estes são apenas dois dos múltiplos e corriqueiros exemplos em nosso cotidiano de contradição e ambiguidade com que nos defrontamos e que também criamos. Quem já não praticou, ou pelo menos presenciou, situação semelhante àquela em que uma pessoa grita, com indignação, para outra que gritava com ela, afirmando: "não grite!!! gritar é falta de respeito e educação!?" Ou que ironicamente ridiculariza um comportamento que julgara irônico?

É evidente que se acaba, comumente, praticando, com a própria crítica, o comportamento censurado, sem se tomar conhecimento do fato, o que espelha uma absoluta alienação de si próprio e falta de autocrítica. E quando ela é revelada demonstra-se, por meio de uma lógica qualquer, que o mais velho ou o que tem alguma forma de poder, tem o direito de ser mal-educado (sem ser reconhecido como tal), enquanto o outro (mais jovem ou de menor poder) não pode fazer o mesmo. Criam-se, então, duas realidades que permitem e facilitam o desenvolvimento da visão falseada da realidade, porque tendenciosamente parcial e maniqueísta e, ao mesmo tempo, contribuinte para a formação da irresponsabilidade face à realidade, que a alienação estabelece.

Trata-se de um estado de consciência que divide interior e exterior, o "eu" e "os outros", a atitude e o comportamento, dentre outros aspectos, estado esse que está não apenas no cerne do modo fracionário de produção do conhecimento, mas da própria consciência (WAXEMBERG, 1980). Isso porque a expansão da consciência significa participação e responsabilidade crescentes, por meio de esforço integrativo.

Ainda mais, essa fragmentação leva a pessoa ao ponto em que, de tanto ver a realidade pela visão de mundo-máquina, de mundo-objeto, defronta-se com o fato de que se transforma nessa mesma máquina, num objeto manipulável externamente e, portanto, sem consciência da própria individualidade como ser humano. Perde ela, também, sua consciência da dinâmica da realidade, vendo-a limitada e preestabelecida e impositora dessas características sobre si.

Angústia e alienação estão, por conseguinte, face a esse quadro, presentes em nosso dia a dia, dialeticamente, isto é, de maneira a se defrontarem e interinfluenciarem contraditória e reciprocamente. Ao fugir da angústia, a pessoa cai na alienação e vice-versa, até chegar ao ponto em que não tem escapatória: o de assumir a angústia da alienação, o que se dá mediante a superação da ótica fragmentadora que cultiva.

A humanidade defronta-se hoje com esse desafio. Enfrentá-lo não é mais uma simples questão filosófica; é sim uma questão de sobrevivência, pois, caso o mesmo não seja assumido pelo homem, a autodestruição e destruição de sua casa (*oikos*) acentuar-se-á a ponto de se tornar irreversível.

A tensão do enfrentamento da ambiguidade e da contradição, orientada pelo princípio da incerteza subjetiva, em substituição a uma concepção linear de mundo, direcionada pelo princípio da certeza objetiva (OLIVEIRA, 1989), passa a ser condição de vida do homem de sociedades complexas, o que apenas agora se compreende com maior clareza.

Entender a complexidade e as inúmeras interações dos múltiplos componentes da realidade torna-se, portanto, uma necessidade inadiável. É mediante e na medida dessa compreensão que o homem se eleva da dimensão de objeto e engrenagem, numa máquina social, e supera o senso comum que domina o seu cotidiano.

Expressões de dificuldades na atuação profissional

Um sinal impressionante de nosso tempo, conforme apontado por Capra (1991: 22), "é o fato de que as pessoas que se presume serem especialistas em vários campos já não estarem capacitadas a lidar com os problemas urgentes que surgem em suas respectivas áreas de especialização". Exemplificando tal constatação, Capra indica que economistas são incapazes de entender a inflação (as consequências disso todos nós vivenciamos), psiquiatras são mistificados pela esquizofrenia. Do mesmo modo, outros profissionais apresentam semelhantes discrepâncias a respeito do que o saber popular denota a esse respeito que "em casa de ferreiro, o espeto é de pau".

No campo jurídico, por exemplo, o acúmulo de preceitos legais gerou um torvelinho de leis que os profissionais da área não entendem, de tal modo a demonstrar que analogicamente "a corrente principal de ideias se dividiu em dúzias de riachos" (CAPRA, 1991: 23) chegando a esgotar a própria fonte.

Todas essas situações teriam surgido em decorrência da falta de visão globalizadora sobre os fenômenos, a qual se constitui em condição que permite vê-los em sua interligação e interdependência com os demais.

Evidencia-se, pois, que os inegáveis ganhos possibilitados ao homem pela especialização produzem, ao mesmo tempo, uma possibilidade de sérios prejuízos, por falta de visão global e interativa da realidade e de interligação dessa visão com a ação.

Expressões de alienação e esvaziamento da dimensão humana e sua realidade

O desdobramento do conhecimento em disciplinas estanques teve seu início mediante uma objetivação da coisa conhecida, de maneira que o sujeito cognoscente pretendeu ver a realidade dissociada de si próprio e até mesmo de seu modo de vê-la. Desta forma, promoveu-se não apenas a disjunção entre diferentes dimensões e aspectos de um mesmo fenômeno, como também do homem em relação a eles.

No ensino, essa disfunção se expressa pela preocupação em esquematizar conteúdos produzidos de maneira divorciada da realidade e até mesmo da investigação científica que produz o conhecimento. Evidencia-se em seu contexto uma despreocupação por estabelecer relação entre ideias e realidades, educador e educando, teoria e ação, promovendo-se assim a despersonalização do processo pedagógico.

Produziu-se, em última análise, a disjunção do conhecimento em relação à vida humana e à condição social. Esse aspecto se constitui, por certo, na base que justifica e apoia a atitude de alienação e irresponsabilidade do homem em relação a si próprio, a realidade social que constrói e a realidade natural que perturba.

Desafios à educação face às dificuldades enfrentadas

A necessidade de superação das dificuldades já expostas cresce em importância para a sociedade e a educação. No entanto, na busca das soluções para seus problemas ambas podem agir (como em geral, infelizmente, vêm agindo) de modo a reforçar a ótica do homem-máquina e a visão simplificada de mundo. Para que supere tal ótica, a própria educação deve assumir um paradigma teórico-metodológico que admita contradições, ambiguidades (sobretudo e a partir do contexto imediato e próprio), que aceite conviver com a incerteza e os seus mistérios, que consiga ordenar e fazer sentido do caos e da complexidade, sem tirar-lhe a dinâmica, sem artificializá-la e simplificá-la. Sobretudo, construindo uma perspectiva crítica que, além de refletir sobre sua própria realidade, procura examinar a origem, a natureza, o modo de ser e a finalidade do conhecimento em geral e do conhecimento científico especialmente, enquanto representação da realidade (PAVIANNI, 1988: 24).

Emerge, pois, nesse conjunto de situações a necessidade de "uma nova visão da realidade que transcenda os limites disciplinares e conceituais do conhecimento" (OLIVEIRA, 1989: 7), visão essa que se torna condição para atualização do ensino. Este é, aliás, o verdadeiro princípio da sua atualização e não apenas a utilização de recursos tecnológicos modernos.

Portanto, o desafio apresentado à educação, a fim de que contribua para a formação de pessoas capazes de se defrontarem com os problemas do seu ambiente cultural e natural, consiste em que se apresente como uma ação educativa dinâmica e dialética, visando a desenvolver entre seus participantes a consciência da realidade humana e social, da qual a escola faz parte mediante uma perspectiva globalizadora. O importante, porém, não é, tão somente, "essa nova consciência do problema, mas também o trabalho de reflexão crítica dos educadores, no tempo e no espaço de suas próprias atividades, com um objetivo de abrir caminho de soluções para o problema do homem de hoje, situado num contexto de pluralismo cultural, axiológico e ideológico" (PAVIANNI, 1988: 21).

Construção da visão interdisciplinar no contexto escolar

Cabe agora, pois, estabelecer um sentido mais abrangente, aprofundado e significativo às experiências pedagógicas, para as quais a interdisciplinaridade muito tem a contribuir. Isto porque a realidade com a qual o ensino propõe-se a levar o aluno a conhecer "é um fenômeno múltiplo, diversificado; e todos os conhecimentos e interpretações, enquanto só explicam uma parte da realidade, permanecem sempre inacabados" (PAVIANNI, 1988: 46).

É importante, para tanto, cultivar uma perspectiva e atitude voltadas para a superação de visões de qualquer ordem, sem encobrir ambiguidades e escamotear diferenças. Torna-se necessário, sobretudo, superar a problemática clássica do ensino, qual seja a de concretização de ideias em ação. Do contrário, vai-se criar apenas um novo modismo em educação.

"Se essa for mais uma moda, não me interessa..." Assim se expressou uma professora ao manifestar seu receio de que a interdisciplinaridade viesse a se constituir em uma novidade a ser imposta aos professores, com poucos resultados práticos no desenvolvimento e escassa melhoria do processo educacional.

É adequado aqui relembrar que a moda ocorre quando uma concepção pedagógica é verbalmente repetida, sem que, no entanto, impregne a ação das pessoas; fica no plano do discurso e, por isso, não é utilizada para transformar a realidade.

Como, então, trabalhar a interdisciplinaridade nas escolas onde professores não tomaram conhecimento do seu significado e não estão conscientes de sua importância, por estarem mais preocupados com questões comuns do cotidiano escolar? Seria impossível sua prática num contexto escolar sobremodo preocupado com questões corriqueiras, como falta de material básico escolar?

Vale alertar que se o professor analisar adequadamente o seu cotidiano escolar e vital irá identificar facilmente inúmeras dificuldades que resultam da ótica fragmentadora, o que, por si, estabelece a necessidade do enfoque interdisciplinar e globalizador no ensino.

Torna-se necessário e possível, nesse quadro da realidade, trabalhar a interdisciplinaridade como um processo que leva em consideração a cultura vigente e a sua transformação, como condição fundamental para que promova os princípios interdisciplinares. Em primeiro lugar, é necessário que se dê importância a esses princípios, como orientadores da prática e não como parte de um corpo conceitual que se deve integrar logicamente (como acontece na disciplinaridade). Entenda-se, portanto, que o espírito da interdisciplinaridade é mais importante que a letra que a representa. Seu caráter não é normativo, e sim explicativo e inspirador.

Em continuidade, é necessário que se dê atenção ao estágio em que o corpo docente de uma escola se encontra, em relação ao processo interdisciplinar, e motivá-lo a expressar e discutir em conjunto os problemas principais do ensino e seus esforços, sob a ótica da elaboração globalizadora do conhecimento.

Necessariamente, serão indicados pelos professores problemas relacionados à fragmentação e dissociação, pois eles estão subjacentes a todo processo social e se acham manifestados em todas as dimensões do conjunto cultural humano. Em consequência, irão mostrar a necessidade de busca de diálogo e de integração, sem, no entanto, nesse estágio preliminar, terem os professores alterado sua postura mental e sua orientação em relação ao conhecimento. E é sobre essa limitação que deve ser estabelecida a base da transformação pedagógica.

Emerge, nesse processo, o desenvolvimento de atitude e consciência de que trabalhando dentro de um sistema de interdisciplinaridade o professor produz conhecimento útil, portanto, interligando teoria e prática, estabelecendo relação entre o conteúdo do ensino e a realidade social escolar.

II Enfoques do paradigma disciplinar e as disciplinas

A fim de melhor se compreender a questão da interdisciplinaridade torna-se necessário conhecer o sentido de disciplina e do paradigma disciplinar que o determina.

Orientando-se pela concepção dicotomizadora, o termo disciplina é utilizado para indicar dois enfoques relacionados ao conhecimento: o epistemológico, relativo ao modo como o conhecimento é produzido, e o pedagógico, referente à maneira como ele é organizado no ensino para promover a aprendizagem pelos alunos. Vejamos, a seguir, a distinção básica entre ambos, mesmo correndo o risco de reforçar a sua dicotomização.

Enfoque epistemológico

Segundo o enfoque epistemológico, disciplina é:

– uma ciência (atividade de investigação);

– cada um dos ramos do conhecimento.

A disciplina (ciência), entendida como um conjunto específico de conhecimento de características próprias, obtido por meio de método analítico, linear e atomizador da realidade, produz um conhecimento aprofundado e parcelar (as especializações). Ela corresponde, portanto, a um saber especializado, ordenado e profundo, que permite ao homem o conhecimento da realidade, a partir de especificidades, ao mesmo tempo em que deixa de levar em consideração o todo de que faz parte. Disciplina e Ciência, portanto, se correspondem e têm como elemento básico a referência e o estudo de objetos de uma mesma natureza (ANDER-EGG, 1984).

Em consequência desse enfoque, a humanidade conta com um acervo de conhecimentos que se caracteriza por um verdadeiro mosaico, ao mesmo tempo deslumbrante e estonteante, dados os seus múltiplos aspectos, a sua diversidade. Os ganhos que possam promover, no entanto, dependem de uma visão de conjunto capaz de dar a devida importância a todos os aspectos em conjunto e de forma interativa.

Enfoque pedagógico

Segundo o enfoque pedagógico, disciplina é termo que corresponde a:

– atividade de ensino ou o ensino de uma área da Ciência;
– ordem e organização do comportamento.

No contexto pedagógico, o conhecimento já produzido, conforme o enfoque epistemológico anteriormente descrito, é submetido, novamente, ao tratamento metodológico analítico, linear e atomizador, agora com o objetivo de facilitar a sua apreensão pelos estudantes. O objetivo didático promove, no contexto escolar, mediante raciocínio lógico formal, caracterizado pela linearidade e atomização, já agora maior do que fora produzida, um distanciamento mais acentuado do conhecimento em relação à realidade de que emerge. Tal procedimento estaria em acordo com o que parece ser uma das funções essenciais da disciplina que, conforme demonstrado por Faure (1962: 62), é "não a de ampliar seu domínio, mas sim distribuir sanções, através de laudações e conformidade". Ela estabeleceria, em decorrência de um princípio de certeza, não apenas barreiras intelectuais entre uma área e outra, mas também uma inadequada e fictícia segurança no trato das questões pedagógicas, por evitar ou diminuir o âmbito de incertezas e inesperados.

Sendo o conteúdo das disciplinas de ensino o resultado de um duplo processo de atomização, instaura-se, por esse procedimento, e em consequência, a ênfase sobre informações isoladas que passam a valer por elas mesmas e não por sua capacidade de ajudar o homem a compreender o mundo, sua realidade e se posicionar diante de seus problemas vitais e sociais; descuida-se, igualmente, do processo de apropriação crítica e inteligente do conhecimento e mais ainda de sua produção, uma vez que o ensino, em geral, centra-se na reprodução do conhecimento já produzido. Consequentemente, o ensino deixa de formar cidadãos capazes de participar do processo de elaboração de novas ideias e novos conceitos, tão fundamental para o exercício da cidadania crítica e participação na sociedade moderna, onde tanto se valoriza o conhecimento.

É a partir desse enfoque da organização interna dos conteúdos, cuja apreensão demanda atenção do aprendiz e quietude mental, que poderíamos explicar o entendimento desenvolvido no contexto escolar de disciplina e "falta de disciplina", como comportamento. É muito frequentemente considerado "indisciplinado" o aluno que identifica e questiona as ambiguidades e contradições do conhecimento ou que, não vendo espaço para tal questionamento, se desestimula em relação ao objeto de ensino e passa a assumir comportamentos dispersivos.

Neste contexto, o aluno não é considerado como pessoa total e sim, tão somente, em sua dimensão cognitiva, em total rejeição a expressões do domínio afetivo e psicomotor, associados à atividade, daí por que o ensino venha a ter um elevado caráter de passividade.

Da mesma forma, não se admite, nem mesmo no plano cognitivo, qualquer interação entre o indivíduo cognoscente e o conhecimento, questionando-o, analisando-se o conteúdo em seu significado e sob vários ângulos. A superação dessa limitação pode se dar no ensino, não apenas mediante o desenvolvimento de processos mentais no desenvolvimento da aula, estimulando-se o aluno a realizar, por exemplo, comparações, extrapolações, interpretações, exemplificações, sínteses, deduções, como também pondo-se em crítica a forma de tratamento no processo de ensinar.

O paradigma positivista que constitui a disciplina

As disciplinas ou corpos de conhecimento especializado foram construídos a partir de um paradigma teórico-metodológico que norteou a determinação da visão especializada de mundo, centrado, sobremodo, nas proposições de Descartes e Newton, combinando empirismo e lógica formal. A compreensão de seus fundamentos nos permite apreender, em parte, como se chegou ao ponto em que sentimos necessidade de retomar uma visão de mundo de longe esquecida.

Sendo, pois, a disciplina ou disciplinaridade resultado do paradigma positivista que vem orientando a produção do conhecimento, para compreendê-la mais plenamente, é útil, portanto, compreender esse paradigma.

– Sobre que pressupostos se assenta a produção do conhecimento no paradigma positivista?
– Qual seu método?
– Qual seu objetivo?

a) *Pressupostos da construção disciplinar*

A visão de realidade positivista que orientou o desenvolvimento de disciplinas ou áreas especializadas de estudo associa-se à compreensão de que:

• o universo é um sistema mecânico composto de unidades materiais elementares, em vista do que podem ser compreendidas de forma descontextualizada;

• a realidade nesse universo é regular, estável e permanente, tendo existência própria;

• a realidade é como é, pré-existe à percepção pelo homem, em vista do que o processo de conhecer é neutro;

• a matéria é a realidade última e os fenômenos espirituais nada mais são do que uma manifestação da matéria;

• a verdade é absoluta, objetiva e existe independentemente do sujeito cognoscente;

• a vida em sociedade é uma luta competitiva pela existência;

• o progresso material é limitado e alcançável pelo crescimento econômico e tecnológico;

• a matéria é inerte e passiva, contida na forma, com um significado próprio identificável, mediante a adoção de método científico;

- a ciência é isenta de valores, uma vez que estes são absolutos e existentes na natureza;
- se alguma coisa existe, existe em alguma quantidade, e se existe em alguma quantidade, pode ser medida.

b) *Método da construção disciplinar*

As especializações ou disciplinas específicas são resultado de um método de construir o conhecimento que, fundamentado nos pressupostos epistemológicos, caracteriza-se por:

- fragmentação ou atomização gradativa da realidade em suas unidades menores, para conhecê-las (atomização), de que resultam as variáveis, isto é, unidades mínimas de análise (reducionismo);
- consideração da percepção sensorial como fonte básica de conhecimento de verdade;
- isolamento do fenômeno estudado, em relação ao contexto de que faz parte (a-historicidade);
- organização das partes estudadas, segundo leis causais unidirecionais (linearidade);
- distanciamento do observador em relação ao objeto observado, de modo a garantir objetividade;
- estudo de validação e fidedignidade dos instrumentos de medida, com vistas a garantir objetividade (identificação de regularidade, estabilidade e permanência);
- análise quantitativa e explicação estatística da realidade, a partir do pressuposto de que a representação estatística e a realidade cultural coincidem e que tudo que existe expressa-se com uma quantidade;

- simplificação, uma vez que cada estágio e momento de produção do conhecimento é considerado independente de outro;
- lógica dedutiva, a partir do pressuposto de que as importantes dimensões de um fenômeno, evento ou situação já são conhecidos e podem ser replicados por experimentação.

c) Objetivo da construção disciplinar

O modelo positivista tem por objetivo explicar os fenômenos, com vistas a predizê-los e controlá-los, em razão do que sua orientação é conservadora. Consequentemente, generaliza informações de uma realidade. Essa generalização estabeleceria leis explicativas, a partir do pressuposto de estabilidade, ordem e regularidade dos fenômenos.

Consequências do paradigma positivista

Verifica-se, portanto, que o enfoque epistemológico e o pedagógico apresentam aspectos comuns da disciplinaridade e que são devidos ao paradigma do qual ambos são emergentes. Alguns desses problemas comuns (EDUTEC, 1975) são:

a) o domínio de estudo de uma disciplina consiste em vários subconjuntos claramente circunscritos, que põem em relevo um mesmo domínio material (por exemplo, ao estudar-se o ser humano, a vida mental do homem é estudada na psicologia; as propriedades anatômicas, físicas e químicas, que mantêm um organismo vivo, são estudadas pela fisiologia);

b) as diversas disciplinas se sobrepõem consideravelmente, tratando das mesmas questões sob diferentes enfoques, criando, desta forma, campos de ambiguidade entre elas, que, no entanto, não são levados em consideração (por exemplo: psicologia escolar, psicopedagogia e pedagogia);

c) a maioria das disciplinas estabeleceram muitas teorias diferentes, sem, contudo, determinar relações entre si, do que resulta o aparecimento de teorias paralelas, divergentes, ambíguas e contraditórias, sem ater-se ao entendimento desses aspectos, a partir da observação dos fenômenos, no interior de uma mesma disciplina (p. ex.: o estudo de chuvas, ventos e rios, em conteúdos isolados uns dos outros).

Acrescenta-se ainda o fato de que, pela atomização, o paradigma positivista tem estabelecido uma visão dicotomizadora da realidade, segundo a qual a realidade ou é isso ou aquilo. Por exemplo: o comportamento humano seria resultado de processamentos internos à pessoa (Psicologia) ou de influências externas (Sociologia). A aprendizagem do aluno seria orientada por seus processos interiores (Psicologia da Aprendizagem) ou pela organização do ensino (Metodologia). Essa visão da realidade leva a que se vejam as soluções de problemas como sendo possíveis mediante intervenções setorizadas e dissociadas entre si.

III Demanda de uma nova visão da realidade

É básico reconhecer que as disciplinas, como produto do desenvolvimento histórico, encontram-se em transição contínua e estão submetidas a forças exteriores em constante mudança, como por exemplo valores culturais, condições econômicas, ideologias políticas. Em vista disso, reavalia-se a questão de como elas vêm sendo produzidas e mantidas, de modo que se estabelece, no momento, a necessidade de superação da visão dicotômica que orienta seu desenvolvimento, que se manifesta como o cerne das dificuldades e limitações produzidas pelo paradigma positivista.

A disciplinaridade e o ensino por disciplinas dissociadas se constrói mediante a aplicação dos princípios da delimitação interna, da fixidez no objeto próprio de análise, pela decomposição de problemas em partes separadas e sua ordenação posterior, pelo raciocínio lógico formal (Descartes), caracterizado pela regra da exclusão do que é, e do que não é (princípio da certeza). Por conseguinte, constitui numa visão limitada para orientar a compreensão da realidade complexa dos tempos modernos e da atuação em seu contexto.

Limitações do paradigma positivista

A compreensão da tendência à complexidade crescente da realidade demanda uma forma de percebê-la e explicá-la de maneira coerente com suas dimensões. Em vista disso, o modo de produzir e tratar conhecimento pela fragmentação sucessiva e princípio da fixidez esgotou sua possibilidade de continuar a contribuir para o avanço da cultura humana e melhoria da qualidade de vida, correndo-se até o risco de, pela sua continuidade, promover a destruição das condições que possibilitaram o desenvolvimento cultural do homem e da civilização.

Entende-se hoje que o mundo não consiste de "coisas" isoladas, e sim de interações, pela complementaridade de dimensões que dela fazem parte, "constituindo uma complicada malha de ligações operativas complexas e não lineares" (OLIVEIRA, 1989: 8). É composto de uma multiplicidade de fatores que não são mutuamente excludentes, e sim explicados e justificados uns em relação aos outros. Quando formados em dualidades, estabelecendo-se dicotomias, como, por exemplo, indivíduo e sociedade, há de se entender tratar-se de dimensões de uma mesma realidade, uma vez que uma não existe sem a outra, e que, conforme apontado por Niels Bohr, "os contrários se complementam" (cf. CAPRA, 1991).

O reconhecimento do paradoxo, da ambiguidade e convivência de concepções antagônicas, é condição para o avanço da compreensão da realidade. Sua negação corresponde ao desenvolvimento não apenas de uma visão limitada da realidade, mas também alienada, visto que dissocia o homem tanto da realidade que cria quanto da representação que faz da mesma.

O reconhecimento da realidade como complexidade organizada implica que se busque compreendê-la mediante estratégias dinâmicas e flexíveis de organização da diversidade percebida, de modo a se compreender as múltiplas interconexões nela existentes.

A ideia de complementaridade de interação entre dualidades determinou que se concluísse por entender a relação sujeito-observador e objeto-observado, como reciprocamente influentes. O reconhecimento dessa interinfluência está sintetizado na ideia de que "o que observamos não é a realidade e, sim, a realidade que se percebe e apreende pelo método adotado para observá-la e questioná-la" (OLIVEIRA, 1989: 17). Assim, a necessidade de se alterar o método de análise, para outro mais abrangente, resulta não apenas do reconhecimento da limitação do método, mas do reconhecimento da relação método-conhecimento.

Emerge, portanto, no quadro referencial dessas ideias, a necessidade de uma visão da realidade que transcenda os limites disciplinares e conceituais do conhecimento (OLIVEIRA, 1989: 7).

A interdisciplinaridade, portanto, propõe uma orientação para o estabelecimento da esquecida síntese dos conhecimentos, não apenas pela integração de conhecimentos produzidos nos vários campos de estudo, de modo a ver a realidade globalmente, mas, sobretudo, pela associação dialética entre dimensões polares, como, por exemplo, teoria e prática, ação e reflexão, generalização e especialização, ensino e avaliação, meios e fins, conteúdo e processo, indivíduo e sociedade etc.

Mediante uma tal síntese, a pessoa, consciente de que faz parte do objeto conhecido, já mesmo por conhecê-lo, ao ver a realidade, vê-se nela e não fora dela, enquanto mera observadora. Consequentemente, a lógica formal do princípio da certeza é substituída pela lógica paradoxal do princípio da dúvida.

Superação da visão dicotômica entre Epistemologia e Pedagogia

O reconhecimento de que o paradigma fragmentador esgotou sua possibilidade de continuar a contribuir para o desenvolvimento da humanidade suscita a busca de uma ótica que, na dimensão epistemológica, promova o estabelecimento de um concerto, uma interação no campo da Ciência, entre os conhecimentos produzidos (Metaciência); e, na Pedagogia (Pedagogia Holística), leve à associação do que é ensinado às condições concretas da vida, de maneira a atribuir-lhe maior autenticidade, além de interação das múltiplas dimensões do ensino. O conceito de currículo de há muito adotado e toda sua teorização perseguia, desde o início, tal objetivo.

Há, também, que se integrar Ciência e Pedagogia, conforme anteriormente indicado, uma vez que nenhuma área de conhecimento e nenhuma dicotomia deve escapar da ótica globalizadora.

A Ciência, para seu desenvolvimento e clarificação, depende da comunicação, da divulgação, isto é, seu desenvolvimento vincula-se a uma expressão do ensino. Por outro lado, o ensino depende da Ciência, uma vez que, em uma instância, constitui-se num trabalho de mediação entre o saber produzido e os aprendizes. Ensino e Ciência, Pedagogia e Epistemologia constituem, portanto, duas dimensões de uma mesma realidade. A dissociação de ambas corresponderia, por conseguinte, a uma visão incompleta e parcelar da realidade (a ótica da disciplina) e a integração das mesmas corresponderia à visão interativa, relacional, global da realidade (interdisciplinaridade). Há que se superar a "mentalidade que separa e esconde as relações entre a situação pedagógica e a situação epistemológica, isto é, entre o ensinar e a produção de conhecimentos científicos" (PAVIANNI, 1988: 20).

Essa mudança de atitude deve constituir-se na pedra angular para a orientação e superação de todas as demais dicotomias.

Prática e estágios da caminhada interdisciplinar

A superação da fragmentação, linearidade e artificialização, tanto do processo de produção do conhecimento como do ensino, bem como o distanciamento de ambos em relação à realidade, é vista como sendo possível, a partir de uma prática interdisciplinar. É interessante notar que a proposição de interdisciplinaridade surge, sobremodo, no contexto de instituições de ensino, onde se pratica o ensino e a pesquisa.

Sua prática, no contexto da sala de aula, implica vivência do espírito de parceira, de integração entre teoria e prática, conteúdo e realidade, objetividade e subjetividade, ensino e avaliação, meios e fins, tempo e espaço, professor e aluno, reflexão e ação, dentre muitos dos múltiplos fatores interagentes do processo pedagógico.

Há na literatura indicação do que não é interdisciplinaridade, como um alerta para se evitar que se usem as velhas práticas com nova denominação. Aponta-se que ela é erroneamente *confundida* com:

– trabalho cooperativo e em equipe;

– visão comum do trabalho, pelos participantes de uma equipe;

– integração de funções;

– cultura geral;

– justaposição de conteúdos;

– adoção de um único método de trabalho por várias disciplinas.

É fácil, pois, reconhecer que, embora esses aspectos sejam associados à prática interdisciplinar, eles não podem ser considerados como o processo todo. Muitas vezes, no entanto, são considerados como o ponto de chegada de um esforço no sentido de construir a interdisciplinaridade e não, tal como se propõe, como um passo ou momento desse processo.

Dado o conceito, anteriormente formulado, é possível sugerir que a interdisciplinaridade plena (transdisciplinaridade) só ocorreria quando da efetivação da sua finalidade (aluno com visão global de mundo) e que uma interdiscplinaridade fictícia (multidisciplinaridade) ocorre no seu objetivo imediato e processual (linguagem comum entre professores). Caso, no entanto, essa prática limitada seja questionada como não constituindo interdisciplinaridade, susta-se qualquer esforço que possa, em um momento futuro, alcançar estágios mais significativos de desenvolvimento da prática interdisciplinar.

Desta forma, em vez de nos atermos a rotular uma experiência, identificando se é ou não prática interdisciplinar, devemos, antes e acima de tudo, compreender o que ela representa em relação à caminhada interdisciplinar que objetiva, em última instância:

– a realização do homem como pessoa, em todas as suas dimensões;

– a superação de individualismo, desesperança, desajustamentos, enfim, problemas existenciais, oriundos de uma ótica fragmentadora;

– a integração política e social do homem em seu meio.

Cabe à educação ajudar ao homem em todos esses aspectos. Essa é a sua *finalidade* como deveria ser a finalidade de todas as ações humanas voltadas para a formação do homem (Pedagogia, Medicina, Enfermagem, Fonoaudiologia, e tantas quantas são as divisões do conhecimento).

A educação, enquanto se propõe a formar o cidadão para viver uma vida em sentido mais pleno possível de modo que possa conhecer e transformar sua situação social e existencial marcada pela complexidade e globalidade, mostra necessidade de adotar o paradigma da interdisciplinaridade. No entanto, não é a ação do ensino que vai garantir tais resultados, mesmo como um enfoque interdisciplinar. Isso porque a qualidade de vida de pessoas depende da conjunção de múltiplos fatores da sociedade como um todo, em relação aos quais o ensino pode apenas auxiliar o educando a compreender.

A compreensão da diferença entre objetivo e finalidade é importante, a fim de que se entenda que a prática da interdisciplinaridade, por si, não promove aqueles resultados. Isso porque eles dependem da determinação de um conjunto muito maior de orientações e a interdisciplinaridade, por sua vez, de ações e atitudes mais específicas.

# IV O sentido da interdisciplinaridade

A interdisciplinaridade, no campo da Ciência, corresponde à necessidade de superar a visão fragmentadora de produção do conhecimento, como também de articular e produzir coerência entre os múltiplos fragmentos que estão postos no acervo de conhecimentos da humanidade. Trata-se de um esforço no sentido de promover a elaboração de sínteses que desenvolvam a contínua recomposição da unidade entre as múltiplas representações da realidade.

Busca-se estabelecer o sentido de unidade na diversidade, mediante uma visão de conjunto, que permita ao homem fazer sentido dos conhecimentos e das informações dissociados e até mesmo antagônicos que vem recebendo, de tal modo que possa reencontrar a identidade do saber na multiplicidade de conhecimentos.

E essa busca de unidade constitui uma aspiração do homem que sempre almeja estabelecer sentido sobre as questões antagônicas, opostas e desordenadas com que se defrontou.

Ela se manifesta também no campo da Pedagogia, onde a interdisciplinaridade representa a possibilidade de promover a superação da dissociação das experiências escolares entre si, como também delas com a realidade social. Ela emerge da compreensão de que o ensino não é tão somente um problema pedagógico e sim um problema epistemológico.

O *objetivo* da interdisciplinaridade é, portanto, o de promover a superação da visão restrita de mundo e a compreensão da complexidade da realidade, ao mesmo tempo resgatando a centralidade do homem na realidade e na produção do conhecimento, de modo a permitir ao mesmo tempo uma melhor compreensão da realidade e do homem como o ser determinante e determinado.

Proposições sobre o sentido da interdisciplinaridade

Há muitas descrições a respeito de qual seja o sentido e significado prático da interdisciplinaridade. Registramos, a seguir, uma listagem a partir da literatura e das descrições de professores em seminário sobre o tema. Pode-se verificar que elas convergem para um mesmo entendimento, cada uma delas apresentando um ângulo da questão ou expressando apenas de modo diferente o mesmo ponto de vista. Essas ideias podem ser agrupadas segundo a ênfase que estabelecem sobre diferentes aspectos paradigmáticos (ótica), processual, técnico, de resultados. Vejamos, pois, alguns enfoques:

Paradigmático:

– visão de conjunto de uma realidade, mediante permanente associação das diferentes dimensões (disciplinas) com que pode ser analisada;

– visão global e não fragmentada da realidade;

– uma ótica que abrange todos os aspectos da produção e uso do conhecimento.

Processual:

– "concertação ou convergência de várias disciplinas com vistas à resolução de um problema cujo enfoque teórico está, de algum modo, ligado ao da ação ou da decisão" (JAPIASSU, 1976: 32);

– articulação orgânica de conteúdos e de disciplinas;

– instauração de diálogo entre várias disciplinas, buscando a unidade do saber;

– busca de interação entre duas ou mais disciplinas;

– movimento de interação de áreas de conhecimento diferentes, visando a superação da visão fragmentada da realidade;

– metodologia pluralista, caracterizada por crítica permanente;

– movimento de saber orientado pela busca permanente de relações recíprocas de conhecimento, de maneira a deslocar suas fronteiras;

– via possível de ampliação do exercício crítico;

– complementaridade e integração de áreas diferentes de estudo.

Técnico:

– uma ferramenta utilizada para superar a fragmentação do ensino;

– uma ferramenta utilizada para produzir novos conhecimentos, pela integração dos já produzidos.

De resultados:

– superação do saber disciplinar;

– síntese de duas ou mais disciplinas, de modo a estabelecer um novo nível de representação da realidade, mais abrangente, de que resulta o estabelecimento de novas relações;

– "formação do cidadão do mundo, quer dizer, pessoas abertas à pluralidade de paradigmas, de horizontes culturais" (VATTIMO, 1962: 16).

De todos esses entendimentos, apresenta-se restrição aos referentes ao sentido de "ferramenta", apresentado em relação ao aspecto técnico, por reforçar o sentido limitado e impessoal que se pretende superar com a interdisciplinaridade.

A interdisciplinaridade, do ponto de vista da laboração sobre o conhecimento e elaboração do mesmo, corresponde a uma nova consciência da realidade, a um novo modo de pensar, que resulta num ato de troca, de reciprocidade e integração entre áreas diferentes de conhecimento, visando tanto produção de novos conhecimentos como a resolução de problemas, de modo global e abrangente. A partir deles, e com o sentido de alargá-los, como uma práxis, isto é, um processo de reflexão-ação, a interdisciplinaridade ganha foro de vivência (escapando à disciplinaridade) e estabelece a hominização em seu processo.

O pensar e o agir interdisciplinar se apoiam no princípio de que nenhuma fonte e conhecimento é, em si mesma, completa e de que, pelo diálogo com outras formas de conhecimento, de maneira a se interpenetrarem, surgem novos desdobramentos na compreensão da realidade e sua representação (FAZENDA, 1979). A interdisciplinaridade também se estabelece a partir da importância e necessidade de uma contínua interinfluência de teoria e prática, de modo que se enriqueçam reciprocamente.

Uma série de proposições, entendida como parte do processo interdisciplinar, foi apontada pelos professores do Colégio Imperatriz Dona Leopoldina (Entre-Rios, Guarapuava – PR), em um estudo sobre o tema, a saber:

– estabelecimento de ligação de disciplinas entre si;

– estabelecimento de linguagem e orientação comum entre os professores;

– integração do ensino à realidade;

– superação da fragmentação do ensino para promover a formação global e crítica do aluno;

– formação do aluno para enfrentar os problemas globais do mundo atual.

Levando em consideração esses aspectos, em conjunto, e integrando-os, foi desenvolvido o seguinte conceito de interdisciplinaridade para o contexto do ensino, com um caráter operacional, de modo a orientar a ação:

"Interdisciplinaridade é o processo que envolve a integração e o engajamento de educadores, num trabalho conjunto, de interação das disciplinas do currículo escolar entre si e com a realidade, de modo a superar a fragmentação do ensino, objetivando a formação integral dos alunos, a fim de que possam exercer criticamente a cidadania, mediante uma visão global de mundo, e serem capazes de enfrentar os problemas complexos, amplos e globais da realidade atual".

Pressupostos da interdisciplinaridade

A construção do conhecimento interdisciplinar é orientada por pressupostos e respectivos métodos, que se diferenciam diametralmente daqueles que orientam a construção do conhecimento disciplinar especializado.

Como *pressupostos* fundamentais da ótica interdisciplinar tem-se:

• a realidade, isto é, o campo e horizonte determinado de vida, é construída mediante uma teia de eventos e fatores que ocasionam consequências encadeadas e recíprocas;

• a realidade desse universo é dinâmica, estando em contínuo movimento, sendo construída socialmente;

• a verdade é relativa, pois o que se conhece depende diretamente da ótica do sujeito cognoscente. Vale dizer que a realidade não tem significado próprio, sendo este a ela atribuído pelo homem.

Quanto ao *método*, a interdisciplinaridade é construída mediante:

• o estudo das forças interativas que interligam as várias dimensões que caracterizam um fenômeno. Vale dizer que a interdisciplinaridade não é obtida procurando estabelecer relações entre conhecimentos considerados desvinculadamente da realidade;

• a construção do conhecimento interdisciplinar se processa por estágios ou etapas de maturação de consciência. Em vista disso, o esforço de construção do conhecimento interdisciplinar constitui um trabalho de construção da consciência pessoal globalizadora, capaz de compreender complexidades cada vez mais amplas;

• embora complexa, a realidade é una, uma vez que todos os seus aspectos são interdependentes, não têm significado próprio e sim no contexto de que fazem parte.

Consequentemente, o conhecimento é unitário e as diversas ciências se prendem umas às outras por vínculos de profunda afinidade. O que é importante conhecer sobre a realidade são suas características unificadoras;

• o conhecimento produzido em qualquer área, por mais amplo que seja, representa, apenas de modo parcial e limitado, a realidade. A consciência da parcialidade de nosso conhecimento sobre a realidade supõe a necessidade de ir além dos limites postos pela visão disciplinar, rompendo fronteiras;

• "tudo está relacionado com tudo mais: causas, problemas e soluções estão totalmente interligados em um grande *continuum*" (PECCEI & IKEDA, 1984: 14);

• "tudo é *Duplo*, contudo tem polos; tudo tem o seu oposto: igual e desigual são a mesma coisa; os opostos são idênticos em natureza, mas diferentes em grau; os extremos se tocam; todas as verdades são meias-verdades; todos os paradoxos podem ser reconciliados" (HERMES, segundo SCHURÉ, 1986: 72);

• "o conhecimento é, como a riqueza, destinado ao *Uso*. A posse do conhecimento sem ser acompanhada de uma manifestação ou expressão em *Ação* é como um amontoado de metais preciosos, uma coisa vã e tola" (HERMES, segundo SCHURÉ, 1986: 83).

Interdisciplinaridade como processo de circularidade entre disciplinas

A interdisciplinaridade não consiste numa desvalorização das disciplinas e do conhecimento produzido por elas.

Conforme Morin (1985: 33) afirma, "o problema não está em que cada uma perca a sua competência. Está em que a desenvolva o suficiente para articular com as outras competências (disciplinas e conhecimentos) que, ligadas em cadeia, formariam o anel completo e dinâmico, o anel do conhecimento do conhecimento".

Não se trata, portanto, de eliminar a disciplinaridade, embora se critique, como patológica (GUSDORF in MORIN [1987] e JAPIASSU [1976]) a disjunção e a fragmentação dos conhecimentos, pois é ela mesma que oferece os elementos, as informações, as ideias que são utilizadas para construir um metaconhecimento (conhecimento do conhecimento).

O conhecimento é, ao mesmo tempo, um fenômeno multidimensional e inacabado, sendo impossível sua completude e abrangência total, uma vez que, a cada etapa da visão globalizadora, novas questões e novos desdobramentos surgem. Tal reconhecimento nos coloca, portanto, diante do fato de que a interdisciplinaridade se constitui em um processo contínuo e interminável de elaboração do conhecimento, orientado por uma atitude crítica e aberta à realidade, com o objetivo de apreendê-la e apreender-se nela, visando muito menos a possibilidade de descrevê-la e muito mais a necessidade de vivê-la plenamente.

Nesse caso, procura-se instituir um método, o menos mutilante possível, que permita estabelecer o diálogo entre conhecimentos dispersos, fazendo-os desembocar numa compreensão da realidade o mais globalizadora possível. Para tanto, "o operador do conhecimento deve tornar-se, ao mesmo tempo, o objeto e o agente do conhecimento" (MORIN, 1987: 30).

Em vista disso, a circularidade como método de elaboração do conhecimento globalizador não apenas vai de um conhecimento a outro, fazendo com que ambos sejam modificados gradativamente por essa circularidade, deixando o indivíduo cognoscente inatingido. O indivíduo entra, necessariamente, no circuito, de modo que ele pense sobre seu modo de pensar os conhecimentos, estabelecendo o sentido de integração consigo mesmo e dele para com a realidade, constituindo-se, esse processo, em vista disso, numa verdadeira ciranda de conscientização.

Resgata-se, desta forma, o entendimento de que "o conhecimento não pode ser dissociado da vida humana e da relação social" (MORIN, 1987: 21), restabelecendo-se a circularidade entre homem, sociedade, vida e conhecimento, em que cada um desses elementos se explicam reciprocamente.

A circularidade deixa de ver barreiras entre áreas de conhecimento e, a partir de uma área, estabelece o diálogo com outra, buscando nela elementos necessários para o alargamento explicativo de alguma problematização proposta, de modo a superar as concepções redutoras e disjuntoras das disciplinas isoladas.

Esse diálogo é caracterizado por atividades mentais como refletir, reconhecer, situar, problematizar, verificar, refutar, especular, relacionar, relativizar, historicizar. Ele ocorre na interface entre uma e outra, e entre elas e o quadro referencial do indivíduo cognoscente, de modo que, por essa rotatividade, constrói um saber consciente e globalizador da realidade.

Contribuições da interdisciplinaridade no campo da ciência e do ensino

Pode-se, resumidamente, apresentar algumas contribuições da interdisciplinaridade no campo da ciência e do ensino.

No campo da *ciência*, isto é, da produção do conhecimento científico, a interdisciplinaridade apresenta-se como uma orientação para resolver duas ordens de dificuldades, sendo uma relacionada ao conhecimento já produzido e outra relacionada à produção de novos conhecimentos. Em vista disso, ela é proposta de modo a: contribuir para superar a dissociação do conhecimento produzido e para orientar a produção de uma nova ordem de conhecimento.

A ultrapassagem dessa circunstância é possível, motivada e orientada pela lógica interdisciplinar que indica o movimento circular da busca da unidade na diversidade.

1. Auxiliar o estabelecimento da unidade do conhecimento construído

De acordo com Habermas, "o conhecimento é comum entre as disciplinas", sendo possível, em vista disso, observar-se que há entre várias áreas de conhecimento diferenças muito maiores de linguagem e simbologia do que conceitual, subsistindo essa diferença menos pelo sentido da busca da verdade, e mais pelo jogo de poder de pessoas que usam o conhecimento para promoção pessoal, ou, ainda, pelo isolamento e pela falta de comunicação dessas pessoas e descuido em estabelecer o diálogo entre os segmentos de conhecimento que produzem.

2. Promover avanço do conhecimento

Com esse objetivo, criam-se novos horizontes, novas analogias, nova linguagem e novas estruturas conceituais. Na medida em que o campo em que são exercidas as atividades humanas e elas próprias são questionadas, torna-se gradativamente mais complexa a compreensão da realidade. Em consequência, o modo simplificador de produzir conhecimento passa a ser questionado e demanda-se uma epistemologia capaz de estabelecer um novo processo de conhecimento, que é propiciado apenas mediante o permanente confronto entre diferentes (FEYERABEND, 1089).

No campo do *ensino*, a interdisciplinaridade constitui condição para a melhoria da qualidade do ensino mediante a superação contínua da sua já clássica fragmentação, uma vez que orienta a formação global do homem.

1. No plano imediato, a formação integral ocorre na medida em que os educadores estabelecem:

a) o diálogo entre suas disciplinas, eliminando as barreiras artificialmente postas entre os conhecimentos produzidos;

b) a interação entre o conhecimento e a realidade concreta, as expressões de vida, que sempre dizem respeito a todas as áreas de conhecimento.

2. No plano mediato, a melhoria da qualidade de ensino corresponde a uma melhoria da qualidade de vida, uma vez que possibilita ao aluno uma visão global de mundo e de si mesmo no mundo, que pode permitir o enfrentamento da realidade e a superação do sentido de fragmentação, de dúvida negativa, de medo de erro na escolha da profissão etc.

O contexto de desenvolvimento interdisciplinar

O enfoque interdisciplinar consiste num esforço de busca da visão global da realidade, como superação das impressões estáticas, e do hábito de pensar fragmentado e simplificador da realidade. Ele responde a uma necessidade de transcender a visão mecanicista e linear e estabelecer uma ótica globalizadora que vê a realidade, em seu movimento, constituída por uma teia dinâmica de inter-relações circulares, visando a estabelecer o sentido de unidade que ultrapassa as impressões fracionadas e o hábito de pensar e de exprimir-se por pares de opostos, como condição e resultado final do processo de produção do conhecimento.

A complementaridade de contrários é considerada a chave para elucidar as relações dialéticas dentro da dualidade dos opostos, condição, por sua vez, necessária para o estabelecimento de uma visão de unidade da realidade, constituída por um vasto conjunto de sistemas caracterizado por uma teia de interações (OLIVEIRA, 1989).

A prevalência desse enfoque já marcou, em outros tempos, o pensamento de Hermes (3000 a.C.) no qual o pensamento grego se abeberou e foi expresso por Heráclito de Éfeso (OLIVEIRA, 1989), fazendo também parte da visão taoista e hinduísta de mundo, como também da física moderna e de alguns princípios filosóficos da ciência (CAPRA, 1991).

Assim, a interdisciplinaridade se constitui em uma forma de ver o mundo que encontra paralelo na Ecologia, na Gestalt, no Holismo, no movimento da Qualidade Total, na Teoria de Sistemas, que estabelecem, a partir do mesmo ponto de vista, novos e similares instrumentos conceituais e metodológicos para promover a compreensão do mundo que permita ao homem resolver os problemas amplos com que se defronta, segundo uma visão interativa e globalizadora.

O desenvolvimento da ótica interdisciplinar se assenta sobre o entendimento da pluridimensionalidade e complexidade da realidade que, aliás, dá origem às múltiplas representações em áreas e teorias diferentes. A compreensão desse fato leva a que se veja a realidade social, em qualquer contexto e sem excluir o escolar, como dividida e pluralista.

Conclui-se, pois, ser inviável admitir para orientar a educação uma visão única e válida para todos os contextos e segmentos educacionais (PAVIANNI, 1988). A menos que essa concepção seja suficientemente abrangente e crítica para permitir a reflexão sobre os contrastes e contradições nela presentes e em suas relações com a sociedade.

Como a realidade de cada grupo social e seu projeto de sociedade apresentam-se múltiplos e até mesmo em conflito, é coerente com a ótica interdisciplinar fazer emergir as múltiplas faces e múltiplos conflitos e fazê-los confrontar, dialogar, como forma de transformação da prática escolar.

Deixar de considerar as possibilidades de confronto entre as diversas concepções de ensino e colocá-las como competidoras e derrotadoras umas das outras corresponderia a limitar o sentido da educação, bem como a estabelecer uma ideia de homem (e de educação) geral e abstrata, imutável e definitiva.

Portanto, desenvolver a interdisciplinaridade implica admitir a ótica pluralista das concepções de ensino e estabelecer o diálogo entre as mesmas e a realidade escolar para superar suas limitações. Corresponde, pois, a reconhecer que "a ordem da ação não está presidida por um só critério, não é perfeita, é produzida pela confrontação de pontos de vista num diálogo permanente, que pressupõe a presença de valores por vezes incompatíveis" (NOVAES, 1992: 14).

V O aspecto humano da construção interdisciplinar

Considerando que a construção interdisciplinar centra-se no forjamento do conhecimento em estreita e íntima interconexão com a vida e intercomunhão com os seres, nela é fundamental o homem, que toma o conhecimento como mediador de si mesmo e a realidade que torna objetiva.

É a partir das representações que os indivíduos fazem de sua realidade, que sobre ela agem, sendo importante situá-lo e a sua práxis no cerne da discussão interdisciplinar.

Caracterização do esforço interdisciplinar na escola

Ainda é incipiente, no contexto educacional, o desenvolvimento de experiências voltadas para a prática intencional de construção interdisciplinar. Em vista da falta de padrões de referência, bem como do arraigamento às atitudes dicotomizadoras, há muita insegurança a respeito dessa prática. Surgem, então, questionamentos a respeito do que seja ou não a prática, a fim de que se tenha parâmetros de segurança para o entendimento da mesma.

Lembre-se, no entanto, que a discussão sobre o que é e o que não é interdisciplinaridade pode estar mais associada ao pensamento fragmentador, que estabelece, de maneira artificial, categorias mutuamente excludentes e elimina a visão de continuidade entre as diversas dimensões de uma mesma realidade, bem como separa o pensar do fazer e deixa de considerar o movimento concomitante de construção de experiência e do conhecimento correspondente.

Em vista disso, é importante compreender que, em vez de estabelecermos o que é e o que não é interdisciplinaridade, devemos entender as diferentes manifestações no sentido de realização do movimento interdisciplinar. Essas manifestações, em seu estágio inicial, podem não representar, segundo aqueles que visualizam o processo em seu ponto de chegada, um processo interdisciplinar completo. Tal julgamento levaria a se abandonar uma vertente de ação, considerada errada, para adotar outra, na esperança (e na dúvida) de estar certa, o que, por si só, estabeleceria a fragmentação da ação, em relação ao agente, em relação ao pensar, dentre outros aspectos.

Para que a busca da interdisciplinaridade se constitua em um processo efetivamente interdisciplinar é necessário que seja considerada como um movimento contínuo de superação de estágios limitados de significado e abrangência, isto é, que seja busca e, por isso mesmo, sujeita a situações de tateio e até mesmo inicialmente distanciadas da interdisciplinaridade.

Assim, portanto, entende-se todo esforço orientado por uma intenção de construção da interdisciplinaridade, como parte de um processo contínuo, caracterizado por estágios sucessivos de significação cada vez mais ampla, como uma verdadeira práxis, que vai alargando o entendimento dos professores envolvidos, ao mesmo tempo que vai transformando a realidade pedagógica.

Consequentemente, os primeiros esforços de professores que se engajam no processo de construção de uma prática interdisciplinar caracterizam-se, sobremodo, pela construção de um trabalho de equipe, pelo estabelecimento do diálogo entre professores de modo que conheçam os seus respectivos trabalhos. À medida que esse entendimento é conseguido, percebem que ele não basta, que é necessário questionar o próprio conhecimento e a forma como é produzido e trabalhado.

Segundo, pois, o estágio de maturidade coletiva dos professores, a prática interdisciplinar se expressa em diferentes níveis de profundidade em diferentes escolas, não se devendo rotular como não sendo interdisciplinar a prática daqueles que se esforçam para tal, embora estejam ainda apenas dialogando entre si sobre seus conteúdos, sem estabelecer uma visão mais alargada da realidade. É importante, outrossim, identificar esforço, valorizá-lo, identificar as transformações alcançadas e orientar o alcance de novos níveis de visão interdisciplinar.

Não há receitas para a construção interdisciplinar na escola. Ela se constitui em um processo de intercomunicação de professores que não é dado previamente e, sim, construído por meio de encontros e desencontros, hesitações e dificuldades, avanços e recuos, tendo em vista que, necessariamente, se questiona a própria pessoa do professor e seu modo de compreender a realidade no processo. Daí por que seus altos e baixos.

Relação entre atitude e interdisciplinaridade

Reconhece-se que, para o desenvolvimento da interdisciplinaridade, é fundamental que haja diálogo, engajamento, participação dos professores, na construção de um projeto comum voltado para a superação da fragmentação do ensino e de seu processo pedagógico. No entanto, essas não são características facilmente encontradas nas escolas em geral. Registra-se, em muitas delas, muito mais um desejo de que tal situação ocorra, acompanhado de grande lamentação pela dificuldade da prática pedagógica, em decorrência dessa falta.

É comum os professores queixarem-se ser "impossível praticar a interdisciplinaridade, por causa do individualismo, comodismo e até mesmo do egoísmo dos professores". "Os professores não assumem posições, não se preocupam com o colégio como um todo", dizem uns. É interessante identificar em tais depoimentos um caráter muito comum que é o de apresentar recriminações a pessoas ou grupos de pessoas, como se não se fizesse parte deles (isto é, "os professores" e não nós). Trata-se de uma visão idealizada de comportamento e não engajada, uma vez que estabelece a pressuposição de que individualismo, omissão, acomodação, fossem características dos outros e totalmente ausentes nos que as identificam.

Enquanto a representação da realidade pode ser assim polarizada, o mesmo não acontece com a realidade em si. Assim, verifica-se que o comportamento humano se expressa de forma dinâmica, mediante um complexo processo de resolução de forças polares interiores, como, por exemplo:

egoísmo	altruísmo
omissão	participação
individualismo	espírito de grupo
isolamento	engajamento
acomodação	ação
atenção dispersa	atenção concentrada
sujeito	objeto

O relacionamento interpessoal processa-se dinamicamente e nele as polaridades associam-se dialeticamente, podendo, no entanto, manifestar, em certos momentos, e segundo o conjunto de circunstâncias e as avaliações que se fazem dele, mas um polo e menos outro das dimensões possíveis de comportamento. Há que se considerar, no entanto, que, na unidade dialética, "os dois polos não se reduzem um ao outro (como no idealismo ou, em contraposição, no realismo mecanicista), mas se reclamam um ao outro e se exigem em reciprocidade" (MARQUES, 1988: 24).

A questão que se apresenta é sobre como podemos agir em situações concretas, de modo a superar atitudes que potencializem poucos resultados e as transformemos em energia positiva e superadora da atitude dicotomizadora.

Podemos identificar ações concretas e objetivas que podemos assumir para orientar nosso esforço pessoal no sentido da superação das atitudes limitadoras e potencialização das positivas. A mesma deve ser interpretada em seu caráter de inspiração e não normativos. Assim um grupo de professores propôs-se a agir no sentido da construção interdisciplinar, valendo-se de procedimentos e atitudes tais como listados:

– usar a oportunidade para falar, expressar minhas ideias,

– expressar crítica construtiva,

– fazer autocrítica, como um processo contínuo de compreender-se no mundo,

– estudar mais para aprofundar a prática,

– aceitar ideias novas,

– respeitar os limites de cada um,

– respeitar e valorizar as ideias diferentes das próprias,

- levar as pessoas a expressarem suas ideias,
- aceitar ideias dos outros,
- aceitar a possibilidade de errar,
- dar tempo aos colegas para manifestarem suas opiniões,
- superar a insegurança,
- desenvolver maior autoconfiança,
- trabalhar cooperativamente.

Essas ideias, emergentes do contexto de professores, podem servir como indicador para que esses profissionais hajam de modo a criar as bases para a construção da interdisciplinaridade em seu trabalho pedagógico.

Interdisciplinaridade e formação do homem

A educação tem por finalidade contribuir para a formação do homem pleno, inteiro, uno, que alcance níveis cada vez mais competentes de integração das dimensões básicas – o eu e o mundo –, a fim de que seja capaz de resolver-se, solucionando os problemas globais e complexos que a vida lhe apresenta, e que seja capaz também de, produzindo conhecimentos, contribuir para a renovação da sociedade e a resolução dos problemas com que os diversos grupos sociais se defrontam.

Essas duas dimensões – o eu e o mundo –, no entanto, estiveram, desde o mundo grego, que sobremodo influenciou o conhecimento ocidental, separadas, em decorrência da maneira como o conhecimento era considerado. Sócrates e seu discípulo Platão consideravam como sendo a principal função do conhecimento promover o autoconhecimento (o "conheça-te a ti mesmo", colocado no Oráculo de Delfos), com vistas a promover o crescimento moral, intelectual e espiritual. Consistia no caminho para a sabedoria. Essa mesma atribuição é dada ao conhecimento, entre os orientais, pelo Taoismo e o Zen. Entretanto, Protágoras considerava como principal função do conhecimento a capacitação da pessoa para tornar-se eficaz, como caminho para o aperfeiçoamento e o sucesso na Terra. Esse enfoque corresponde, entre os orientais, ao Confucionismo.

Estabeleceu-se, pois, desde então, uma dicotomia das funções do conhecimento, que polarizava o significado da vida: ou espiritualizar-se em total abandono da dimensão material e perdendo a vida mais rapidamente por causa disso, ou tecnificar-se, materializando a vida e perdendo o sentido de humanização e transcendência.

A visão interdisciplinar corresponde, portanto, a estabelecer a interligação dessas duas concepções que, a cada momento, em cada circunstância, se veja o homem por inteiro, reconhecendo a interação dialética entre duas dimensões: materialidade-espiritualidade, corpo-alma, de modo "a pôr termo à visão de uma natureza não humana e de um homem não natural", de acordo com Moscovici (apud MORIN, 1988: 13).

Trata-se, pois, no cerne da interligação das óticas, de produção do conhecimento, de superar as separações e até mesmo oposições existentes e apontadas por Morin (1988) entre as noções de homem e de animal, de cultura e de natureza. Esta superação é possível a partir do entendimento de que tudo tem uma dupla dimensão: uma objetiva, ligada às operações práticas, imediatas e materiais e outra subjetiva, mental e espiritual, ligada às questões não utilitárias. Trata-se, pois, de restabelecer a intercomunhão entre as diversas dimensões da vida e dos seres e de estabelecer a prática de pensar, analisar e representar a realidade segundo um esforço de intercomunicação com os outros (MARQUES, 1988).

Essa interligação caracteriza-se como fundamental na orientação do trabalho de recuperar a dinâmica das relações recíprocas do próprio sujeito do conhecimento consigo mesmo, com seus semelhantes, com o produto social do seu trabalho e com a natureza, de modo que se veja como ser global e em relação. Essa premissa cabe tanto a educadores quanto a educandos.

Desse modo, privilegia-se a prática de uma educação em que professores e alunos se visualizem por inteiro no processo, estabelecendo-se uma mudança de atitude a respeito da formação e ação do homem, das quais fazem parte os aspectos afetivos, relacionais e éticos, concomitantemente com os racionais, lógicos e objetivos.

Resistências à adoção do enfoque interdisciplinar

A ideia de superação da fragmentação do ensino não é nova, afirmam os professores. A concepção do currículo, proposta no final do século passado, já indicava uma preocupação com a fragmentação e procurava oferecer o instrumental conceitual necessário ao estabelecimento da unidade do ensino. A Lei 5.692/71, que propunha a integração vertical e horizontal das disciplinas, procurou orientar a superação dessa fragmentação. Igualmente, o método de projetos que foi muito popular em certa época. Esses aspectos correspondem, no entanto, a estágio elementar e inicial do processo.

Verifica-se, por conseguinte, que apenas agora ela surge com a força da sustentação de uma fundamentação que corresponde ao atendimento de necessidade percebida pelos profissionais da educação em geral, e não apenas por aqueles que atuam em seu nível macroadministrativo. Trata-se de uma concepção que veio evoluindo gradativamente, por meio do amadurecimento pedagógico. Ela não vem para substituir outras formas de ação, como comumente tem ocorrido até agora, quando novas ideias se apresentam, mas para superar as anteriores. E é justamente por esse sentido que a interdisciplinaridade ganha corpo e vitalidade, como condição para a superação dos problemas de fragmentação do ensino.

Sabe-se que toda inovação gera resistência, sobretudo quando deixa de levar em consideração a cultura dos grupos onde é implantada, mediante imposição de fora para dentro e de cima para baixo, que desconsidera qualquer elemento do modo de ser e de fazer do grupo e que possa constituir-se em base para sua transformação.

Interdisciplinaridade não deve ser considerada, no entanto, como uma inovação em seu sentido pleno, uma ideia nova, muito embora muitos professores tenham ouvido falar deste tema apenas recentemente. Ela cristaliza a preocupação e o interesse pela superação de um problema que tem preocupado os professores, de um modo geral e de longa data. E torna-se necessário que assim seja entendida. Enquanto caminhada de construção do conhecimento e da prática pedagógica mediante uma nova ótica, mais se distancia do sentido de inovação e se caracteriza como transformação, como vivência intuitiva e experiência humana que elabora e reelabora, em seu contexto histórico, seu próprio situar-se, sua própria síntese de normas criadoras, sua capacidade de pensar e sua própria racionalidade, conforme indicado por Marques (1988).

Os problemas relacionados às dificuldades de múltiplos estímulos dissociados e até contraditórios entre si, sobre as pessoas, em seu cotidiano, bem como as dificuldades resultantes da busca de soluções por aspectos isolados, têm elevado o nível de angústia vivencial e a ansiedade pela busca de um referencial que as ajude na solução de problemas. Tal segurança não existe, pois não existem modelos, muito menos receitas para a prática interdisciplinar.

O estabelecimento de um trabalho de sentido interdisciplinar provoca, como toda ação a que não se está habituado, uma sobrecarga de trabalho, um certo medo de errar, de perder privilégios e direitos estabelecidos (por menores que sejam). A orientação pelo enfoque interdisciplinar para orientar a prática pedagógica implica romper hábitos e acomodações, implica buscar algo novo e desconhecido. É, certamente, um grande desafio.

Dados, portanto, os riscos inerentes a essa situação, o estabelecimento da interdisciplinaridade provoca reações de resistência, apesar de aceita intelectualmente. Parte de nós a deseja e aceita; parte a rejeita; mas a rejeição ocorre não pelos resultados que possa produzir, e, sim, pelo trabalho que promove, pelo desalojamento de posições confortáveis que provoca. O fundamental no desenvolvimento da interdisciplinaridade é uma questão da atitude, conforme reiteradamente indicado por Fazenda (1979, 1991).

É básico que aceitemos a condição da associação de trabalho à produção de resultados. Não podemos ser como rio "que faz o curso sem sair do leito" (assim, pelo menos, à primeira vista nos parece).

Para concluir, lembre-se que nada é mais importante e significativo do que uma ideia cujo tempo chegou. A interdisciplinaridade corresponde a essa imagem no contexto do ensino, que leva à construção da necessária e urgente humanização pela visão globalizadora, daí o porquê de sua importância.

Fica o desafio aos educadores, no sentido de que se esforcem por assumir uma atitude interdisciplinar que, associada ao empenho por mudar no exercício da prática, acreditamos há de tornar o trabalho educacional mais significativo e mais produtivo.

*"Indicar a necessidade não
chega:
é preciso que seja possível responder a
seu apelo...*

*Mas é preciso distinguir
a verdadeira e a falsa impossibilidade.*

*A verdadeira decorre dos
nossos limites.
A falsa decorre do tabu e da
resignação."*

Morin, 1987: 28

Referências

ANDER-EGG, Ezequiel. *Introducción a las técnicas de investigación social*. Buenos Aires: Humanitas, 1984.

BOCHNIAK, Regina. *Questionar o conhecimento*: interdisciplinaridade na escola. São Paulo: Loyola, 1992.

CAPRA, Fritjoff. *O ponto de mutação*. São Paulo: Cultrix, 1991.

EDUTEC. *Disciplina e interdisciplinaridade*, v. 10 (25-31), dez. 1975.

FAZENDA, Ivani Catarina Arantes (org.). *Práticas interdisciplinares na escola*. São Paulo: Cortez, 1991.

_____. *Integração e interdisciplinaridade no ensino brasileiro*. São Paulo: Loyola, 1979.

FAURE, Guy Olivier. "A constituição da interdisciplinaridade". *Revista Tempo Brasileiro*, Rio de Janeiro, 108: 61/68, jan./mar., 1992.

FEYERABEND, Raul. *Contra o método*. 3. ed. Rio de Janeiro: Francisco Alves, 1989.

HABERMAS, Jürgen. *Conhecimento e interesse*. Rio de Janeiro: Zahar, 1982.

IMAI, Takeshi. *A nova era convergente*. São Paulo: Maltese, 1991.

JAPIASSU, Hilton. *Interdisciplinaridade e patologia do saber*. Rio de Janeiro: Imago, 1976.

KUHN, Thomas. *A estrutura das revoluções científicas*. 3. ed. São Paulo: Perspectiva, 1978.

MARQUES, Mário Osório. *Conhecimento e educação*. Ijuí: Unijuí, 1988.

MORIN, Edgar. *A natureza humana*: o paradigma perdido. 4. ed. Lisboa: Europa-América, 1988.

_____. *O método III*: o conhecimento do conhecimento. Lisboa: Europa-América, 1987.

_____. *O problema epistemológico da complexidade*. Lisboa: Europa-América, 1985.

NOVAES, Maria Helena. *Psicologia da educação e prática social*. Petrópolis: Vozes, 1992.

OLIVEIRA, Américo Barbosa de. *A unidade esquecida*: homem-universo. Rio de Janeiro: Espaço e Tempo, 1989.

PAVIANNI, Jayme. *Problemas de filosofia da educação*. Petrópolis: Vozes, 1988.

PECCEI, Aurélio & IKEDA, Daisaku. *Antes que seja tarde demais*. 2. ed. Rio de Janeiro: Record, 1984.

PETRAGLIA, Izabel C. *Interdisciplinaridade*: o cultivo do professor. São Paulo: Pioneira Universidade de São Francisco, 1993.

SCHURÉ, Edouard. *Hermes*. São Paulo: Martins Claret, 1986.

VATTIMO, Gianni. "A educação contemporânea entre a epistemologia e a hermenêutica". *Revista Tempo Brasileiro*, Rio de Janeiro 108: 9/18, jan./mar., 1992.

WARSCHAUER, Cecília. *A roda e o registro*. São Paulo: Paz e Terra, 1993.

WAXEMBERG, Jorge. *Da mística e dos estados de consciência.* Rio de Janeiro: ECE, 1980.

CULTURAL

Administração – Antropologia – Biografias
Comunicação – Dinâmicas e Jogos
Ecologia e Meio Ambiente – Educação e Pedagogia
Filosofia – História – Letras e Literatura
Obras de referência – Política – Psicologia
Saúde e Nutrição – Serviço Social e Trabalho
Sociologia

CATEQUÉTICO PASTORAL

Catequese – Pastoral
Ensino religioso

TEOLÓGICO ESPIRITUAL

Biografias – Devocionários – Espiritualidade e Mística
Espiritualidade Mariana – Franciscanismo
Autoconhecimento – Liturgia – Obras de referência
Sagrada Escritura e Livros Apócrifos – Teologia

REVISTAS

Concilium – Estudos Bíblicos
Grande Sinal – REB

PRODUTOS SAZONAIS

Folhinha do Sagrado Coração de Jesus
Calendário de mesa do Sagrado Coração de Jesus
Almanaque Santo Antônio – Agendinha
Diário Vozes – Meditações para o dia a dia
Encontro diário com Deus – Guia Litúrgico

VOZES NOBILIS

Uma linha editorial especial, com importantes autores, alto valor agregado e qualidade superior.

VOZES DE BOLSO

Obras clássicas de Ciências Humanas em formato de bolso.

CADASTRE-SE
www.vozes.com.br

EDITORA VOZES LTDA.
Rua Frei Luís, 100 – Centro – Cep 25689-900 – Petrópolis, RJ
Tel.: (24) 2233-9000 – Fax: (24) 2231-4676 – E-mail: vendas@vozes.com.br

UNIDADES NO BRASIL: Belo Horizonte, MG – Brasília, DF – Campinas, SP – Cuiabá, MT
Curitiba, PR – Fortaleza, CE – Juiz de Fora, MG – Petrópolis, RJ – Recife, PE – São Paulo, SP